BEI GRIN MACHT SICH IHR WISSEN BEZAHLT

- Wir veröffentlichen Ihre Hausarbeit, Bachelor- und Masterarbeit

- Ihr eigenes eBook und Buch - weltweit in allen wichtigen Shops

- Verdienen Sie an jedem Verkauf

Jetzt bei www.GRIN.com hochladen und kostenlos publizieren

Verena Kilian

Die Bedeutung des Temperaments in der Resilienzforschung

GRIN Verlag

Bibliografische Information der Deutschen Nationalbibliothek:

Die Deutsche Bibliothek verzeichnet diese Publikation in der Deutschen National-
bibliografie; detaillierte bibliografische Daten sind im Internet über http://dnb.d-
nb.de/ abrufbar.

Impressum:

Copyright © 2006 GRIN Verlag, Open Publishing GmbH
Druck und Bindung: Books on Demand GmbH, Norderstedt Germany
ISBN: 978-3-656-21186-0

Dieses Buch bei GRIN:

http://www.grin.com/de/e-book/195126/die-bedeutung-des-temperaments-in-der-
resilienzforschung

Gliederung

1. Einleitung

Ich habe mich selten während meines Studiums mit einem Thema beschäftigt, das eine so lange geschichtliche Tradition hat und auch in der heutigen Zeit noch aktuell ist. Das Thema dieses Referats „**Die Bedeutung des Temperaments in der Resilienzforschung**" stellt eine Verbindung zwischen dem tausend Jahre alten Begriff „Temperament" und der relativ jungen Resilienzforschung her.

Jeder von uns hat schon mal ein Kind als schwierig, aufbrausend, ausgeglichen oder ruhig bezeichnet. Beeinflussen diese Verhaltensmerkmale das resiliente Verhalten eines Kindes? Welchen Stellenwert nimmt das Temperament in der Resilienzforschung ein? Hat es überhaupt eine Bedeutung?

Diese Fragen werde ich versuchen in meinem Referat zu beantworten. Die Ausarbeitung setzt sich aus drei Schwerpunkten zusammen.

In dem ersten Abschnitt geht es um die Temperamentsforschung. Ich gehe auf die Entwicklung dieser Forschungsrichtung ein und stelle aktuelle Theorien vor.

Der zweite Teil beschäftigt sich allgemein mit der Resilienzforschung. Ich stelle verschiedene Resilienzfaktoren vor, gehe dann auf drei verschiedene Längsschnittstudien ein und versuche die Bedeutung des Temperamentes herauszuarbeiten.

Im letzten Punkt des Referates möchte ich noch der Frage nachgehen, welche Bedeutung diese Erkenntnisse für unsere heilpädagogische Praxis haben. Dabei beziehe ich mich auf zwei Artikel von Fingerle, Freytag und Julius und von Otto Speck.

Es geht in diesem Referat also darum viele Fragen zu beantworten. Ich hoffe, befriedigende Antworten zu finden.

2. Was ist Temperament

Den Begriff Temperament kennt jeder von uns. Er ist fest in unseren alltäglichen Sprachgebrauch integriert. In diesem Punkt werde ich die geschichtliche Entwicklung des Temperaments vorstellen und den Begriff wissenschaftlich definieren.

2.1 Definition des Begriffs Temperament

Allgemein wird der Begriff Temperament wie folgt definiert:

„Temperament (lat. teperamentum >rechtes Maß<, zu temperare >in das richtige (Mischungs-) Verhältnis bringen<) (...), zusammenfassende Bezeichnung für die typischen Eigenschaften einer Persönlichkeit; nach E. Kretschmer >die für Individualität charakterist. Gesamthaltung der Affektivität nach Affizierbarkeit und Antrieb<. Die klassischen Bezeichnungen für die Temperamente, Sanguiniker, Phlegmatiker, Melancholiker und Choleriker, gehen auf die antike Temperamentenlehre (Hippokrates und Galen)zurück, die das Temperament durch die unterschiedliche Mischung der >Körpersäfte< bestimmt sah (...)."

(Brockhaus, 2001, S. 645)

2.2 Geschichtlicher Hintergrund des Begriff Temperament

Die Geschichte der Charakterisierung von Menschen kann man bis in das Jahr um 319 v. Chr. zurückverfolgen. Ein Schüler Aristoteles beschrieb zum Beispiel 30 verschiedene Charaktertypen (vgl. Zentner, 1993, S. 27, zit. nach Roback, 1952). Die antike vier Temperamentenlehre wurde durch Hippokrates, ca. 400 v. Chr. bekannt und später von Galenus, ca. 150 n. Chr. weiterentwickelt. Beide vertraten die Gesundheits-Theorie, dass ein Gleichgewichts zwischen den Körpersäften herrschen muss. Jeden einzelnen Körpersaft wurde ein anderes Temperament zugeteilt:

- Blut   –   Sanguiniker
- Schwarze Galle –   Melancholiker
- Gelbe Galle   -   Choleriker
- Phlegma   -   Phlegmatiker

In der Lehre von Hippokrates und Galenus ging es um das aufeinander abstimmen unterschiedlicher biologischer Substanzen und Kräfte. Die Vier-Temperamentlehre hatte über Jahrhunderte einen großen Einfluss. Die vier Temperamente sind auch in unserem heutigen Sprachgebrauch noch präsent. (vgl. Zentner, 1993, S. 28f)

Der Begriff Temperament wurde schon immer benutzt um Konstante des Verhaltens und der Affektivität zu beschreiben (vgl. Zentner, 2000, S. 59, zit. nach Allport, 1937). Seit der Zeit von Hippokrates und Galenus haben sich viele verschiedene Menschen mit dem Thema Temperament auseinandergesetzt. Einige Beispiele zähle ich hier kurz auf:

Kant (1798) prägte die Beschreibungen der einzelnen Temperamentsmerkmale. Demzufolge ist der Saguiniker heiter, leicht beweglich, wenig zuverlässig; der Phlegmatiker ruhig, schwer aufzuregen; der Choleriker leidenschaftlich, aufbrausend und der Melancholiker grübelnd und für den Frohsinn unempfänglich.

Hartmann (1896) entwickelte einen der ersten Eltern-Fragebogen und untersuchte das kindliche Temperament in systematischen Längsschnittuntersuchungen. Der Annaberger Eltern-Fragebogen war der erste Temperament-Fragebogen.

Kretschmer (1921) stellte in seinem Buch „Körperbau und Charakter" den Bezug zwischen bestimmten psychischen Erkrankungen und dem Körperbau fest. Der Autor geht davon aus, dass Menschen eines entsprechenden Körperbautyps bestimmte psychische Eigenschaften besitzen und aus diesem Grund zu gewissen psychischen Krankheiten neigen.

Pawlow (1953) beschreibt, dass Prozesse des zentralen Nervensystems den vier Temperamenten zugrunde liegen. Pawlow vertritt die Meinung, dass z.B. ein „starker Typ" einen ständigen Wechsel von Reizen benötigt, während der „schwache Typ" eher ein regelmäßiges Leben, in dem nicht viele Veränderungen auftreten benötigt, um ein optimales Gleichgewicht zu erlangen.

Rudolf Steiner (1922) übernimmt die Einteilung des Temperamentes von der mittelalterlichen-antiken Tradition. Er schenkt dem Temperament in seiner pädagogischen Praxis eine hohe Aufmerksamkeit und fordert von seinen Pädagogen, dass sie auf das Temperament des Kindes eingehen. (vgl. Zentner, 1993, S. 32 ff)

2.3 Einfluss verschiedene Theorierichtungen

Trotz der langen Tradition des Temperaments gibt es bis heute keine klare einheitliche Definition des Begriffs.

Die Ausdrücke „Persönlichkeit" „Charakter" und „Temperament" werden häufig wechselseitig füreinander genutzt.

Persönlichkeit kann als die Gesamtheit der (psychischen) Eigenschaften und Verhaltensweisen, die dem einzelnen Menschen eine eigene, charakteristische, unverwechselbare Individualität verleihen, verstanden werden. Es handelt sich dabei um eine weitgehend stabile oder lange Zeit überdauernde Struktur individueller Eigenschaften in bezug auf Charakter, Temperament, Intelligenz und körperliche Grundbedingungen eines Menschen.

Charakter bezieht sich auf die weitgehend konstanten Einstellungen, Handlungsweisen, die individuelle Besonderheit und vor allem die Werthaltungen eines Menschen. Der Begriff Charakter besitz häufig eine moralische Wertigkeit. Jemand hat z.b. einen „guten" oder „schlechten" Charakter.

Temperament beschreibt die Art des Antriebs und der Aktivität, die sich in Form von Gefühlen, Willensbildung und Triebleben zeigen. Das Temperament formt zusammen mit der Intelligenz und dem Körperbau die Persönlichkeit. (vgl. Zentner, ebd, S. 25f)

In der heutigen Zeit wird Temperament je nach theoretischen Hintergrund als angeborener Verhaltensstill, angeborenes Persönlichkeitsmerkmal, als individuelle Unterschiede in Reaktivität oder in der emotionalen Erregungsregulation verstanden (vgl. Hong, 2006, S. 40, zit. nach Papousek, 1999, S. 158).

In der Temperamentsforschung finden sich Konzepte aus unterschiedlichen Theorierichtungen:

> ➤ Temperament bezieht sich auf verschiedene Dimensionen des Verhaltens. Hier geht es um individuelle Unterschiede des Verhaltens in der Entwicklung = Entwicklungspsychologischer Hintergrund.

> ➤ Temperament ist ein Phänomen, das im Säuglingsalter hervorkommt und die spätere Persönlichkeit wiederspiegelt = Persönlichkeitspsychologischer Hintergrund.

> ➤ Temperament ist im Vergleich zu anderen Verhaltensweisen relativ zeitstabil. Dies lässt sich im Säuglingsalter noch nicht unbedingt beobachten = Verhaltenstheoretischer Hintergrund.

> ➤ Temperament im Zusammenhang zwischen Biologie und Verhalten. Neue Erkenntnisse aus der Genetik und Neurophysiologie erweitern den Begriff des Temperaments = Physiologischer Hintergrund

> ➤ Temperament drückt sich auch durch Umwelteinflüsse, wie elterlicher Erziehungsstil aus = Umwelt-/ Kulturspezifischer Hintergrund.

> (vgl. Zentner, 1993, S. 83f)

Zusammenfassend lässt sich sagen, dass es beim Temperament um das **Wie** des Verhaltens geht, nicht um das Was oder Warum.

Zentner hat in seinem Artikel „Das Temperament als Risikofaktor in der frühkindlichen Entwicklung" den Begriff Temperament folgendermaßen definiert:

„Temperament wäre demnach ein Ausdruck für individuelle Besonderheiten in emotionalen und formalen Aspekten des Verhaltens (unter Ausschluss von Intelligenz und Pathologie), die schon sehr früh in der Entwicklung zu beobachten sind, eine relativ hohe zeitliche Stabilität und eine enge Bindung zu physiologischen Mechanismen aufweisen." (Zentner, 2000, S. 260)

Das Temperament ist vor allem Forschungsgegenstand der Kinderforschung. Hier lassen sich die wichtigen Fragen nach der Entstehung des Temperaments, dessen Veränderlichkeit und die Rolle des Temperaments auf normale und abweichende Entwicklungsprozesse beantworten.

2.4 New York Longitudinal Study (NYLS)

Thomas und Chess entwickelten 1956 die erste moderne Langzeitstudie, die systematisch das Temperament im Säuglings- und Kleinkindalter untersuchte. Dies war die erste große Untersuchung, die zum Temperament durchgeführt wurde und bis heute als Klassiker angesehen wird. In dieser Studie wurden 133 Kinder aus 84 Familien untersucht, die aus der New Yorker Mittelschicht stammten. Die Grundlage der Untersuchung war, die schon im Säuglingsalter gezeigten individuell unterschiedlichen Eigenschaften im Verhalten bzw. in emotionalen Reaktionen zu erfassen und zu klassifizieren. Zunächst wurden sehr ausführliche Elterninterviews geführt. Während der ersten 18 Monate wurden alle drei Monate Interviews durchgeführt, in denen es um das Verhalten der Kinder in alltäglichen Situationen ging. Bis in das Alter von fünf Jahren wurden alle sechs Monate und bis ins Alter von 7-8 Jahren jährlich Interviews geführt. Im Alter von 16-17 Jahren und im frühen Erwachsenenalter wurden die Jugendlichen selbst befragt, ebenso wie die Eltern (vgl. Zentner, 1993, S.88 ff).

Die Analyse der detaillierten Elterninterviews von Thomas und Chess ergaben neun Temperamentsdimensionen, die heute in leicht veränderter Form noch ihre Gültigkeit besitzen.

2.4.1 Temperamentsmerkmale im frühen Kindesalter:

„Schüchternheit / Gehemmtheit	Langsames oder gehemmtes Annäherungs verhalten in neuen oder ungewissen Situationen.

Negative Emotionalität / Stimmungslage	Disposition zum häufigen Ausdruck negativer Affekte wie Furcht, Ärger und allgemeinem Unwohlsein.
Aktivität / Intensität	Niveau grobmotorischer Aktivität einschließlich Ausmaß von Bewegung und Energieniveau von Reaktionen.
Aufmerksamkeit / Ausdauer	Grad, in welchen äußere Reize auf die Richtung des Verhaltens Einfluss nehmen oder es verändern können bzw. Ausmaß zu dem eine Tätigkeit trotz vorhandener Hindernisse weitergeführt wird.
Anpassungsfähigkeit	Fähigkeit, sich an Veränderungen in eingefahrenen Gewohnheiten anzupassen oder sich in neue Situationen zurechtzufinden.
Regelmäßigkeit biologischer Funktionen	Regelmäßigkeit bzw. Vorhersehbarkeit des Auftretens biologischer Funktionen, wie Schlaf-Wach-Rhythmus, Hunger und Stuhlgang
Sensorische Integration	Die Stärke eines Reizes, die nötig ist, um auf sensorischer Ebene eine wahrnehmbare Reaktion hervorzurufen, unabhängig von der Form, die diese Reaktion annimmt".

(Zentner, 2000, S. 260, zit. nach Martin, Wiesenbaker & Huttunen, 1994;Rothbart & Bates, 1998)

Mit diesen verschiedenen Temperamentdimensionen konnten Thomas und Chess drei Temperamentskonstellationen festlegen:

1. „easy" = das einfache Kind (40%)

2. „difficult" = das schwierige Kind (10%)

3. „slow-to-warm-up" = das langsam auftauende Kinder (15%)

Thomas und Chess entwickelten Ende der siebziger Jahre mit dieser Einteilung des Temperaments in drei Typen einen ganz neuen Ansatz. In der aktuellen Temperamentforschung geht man weiterhin von drei verschiedenen Typen aus, allerdings mit einer leicht veränderten Einteilung:

1. **das impulsiv-unbeherrschte Kind**: impulsiv, sehr aktiv, geringe Frustrationstoleranz, starker Widerstand gegenüber Kontrollversuchen

anderer, hohe Intensität von Reaktionen, unregelmäßige biologische Funktionen

2. **das gehemmt-überkontrollierte Kind**: soziale Gehemmtheit und Ängstlichkeit, Rückzug gegenüber neuen Reizen, benötigen Zeit für Veränderungen, unregelmäßige biologische Funktionen

3. **das ich-starke Kind**: Annäherungsreaktionen gegenüber fremden Menschen, Verträglichkeit und Belastbarkeit, gute Anpassungsfähigkeit, regelmäßiger Tagesrhythmus   (vgl. Zentner, 2000, S. 261)

Die Ergebnisse der Temperamentsdimensionen und die der drei Temperaments-Typen wurden in anderen Ländern, wie den USA, Europa, Kanada, Japan, Indien, Israel, Taiwan und Kenia bestätigt. Das heißt, dass die Temperamentsaspekte kulturübergreifend verallgemeinert werden können. (Zentner, 1993, S. 104)

Ich werde diesen Punkt mit einer Definition von Thomas und Chess abschließen, die noch einmal verdeutlicht, wie der Begriff Temperament verstanden werden kann:

„Der Ausdruck Temperament beschreibt (...) am besten das **Wie** einer Verhaltensweise. Er unterscheidet sich von der Bezeichnung Fähigkeit, die das **Was** und **Wie gut** des Verhaltens beschreibt und von der Bezeichnung Motivation, die erfassen soll, warum eine Person etwas tut. Die Bezeichnung Temperament beschreibt dagegen die **Art** des Verhaltens eines Individuums. Zwei Kinder können sich mit den gleichen Geschick anziehen oder mit der gleichen Gewandtheit Rad fahren und können auch die gleiche Motivation für diese Beschäftigung haben. Zwei Jungendliche können ähnliche Lernfähigkeiten und geistige Interessen zeigen, und ihre Bildungsziele können übereinstimmen. Zwei Erwachsene können die gleiche technische Qualifikation bei ihrer Arbeit zeigen und können die gleichen Gründe haben, weshalb sie sich ihrer Arbeit widmen. Und dennoch können bedeutsame Unterschiede zwischen diesen beiden Kindern, den beiden Jugendlichen oder den beiden Erwachsenen bestehen, und zwar in der Schnelligkeit, in der sie sich bewegen, in der Leichtigkeit, mit der sie auf eine neue Umgebung, soziale Aufgabe oder Situation zugehen, in der Art und Intensität ihres Stimmungsausdrucks und in dem Aufwand, den es andere kostet, um sie abzulenken, wenn sie in einer Aktivität gerade voll drinstecken. Temperament wäre demzufolge synonym mit Verhaltensstil."   (Thomas und Chess, 1980, S.8, zit. nach Zentner, 1993, S. 91)

2.5 Kurzes Resümee

Durch unser Alltagswissen haben wir eine ungefähre Vorstellung davon, was sich hinter dem Begriff Temperament verbirgt. Ich habe in dem ersten Teil des Referates einen kurzen geschichtlichen Abriss und den aktuellen wissenschaftlichen Stand der Forschung zum Thema Temperament vorgestellt. Es gäbe zu diesem Thema noch viel mehr zu recherchieren und zu hinterfragen. Aber an dieser Stelle möchte ich versuchen die Frage zu beantworten: **Welche Bedeutung das Temperament in der Resilienzforschung hat?**

3. Die Bedeutung des Temperaments in der Resilienzforschung

In diesem Teil des Referates werde ich den Einfluss des Temperamentes in der Resilienzforschung vorstellen. Zunächst definiere ich den Begriff Resilienz kurz, dann werde ich auf die Bedeutung des Temperaments eingehen und verschiedene Studien dazu vorstellen.

3.1 Definition des Begriffs Resilienz

Mit der Definition des Wortes Resilienz möchte ich einen groben Einblick in diese Forschungsrichtung geben.

Die Begriffe „Ressourcen", „Resilienz", „Schutzfaktoren" und „Kompensations-faktoren" beschreiben generell entwicklungsfördernde und gesundheitserhaltende Merkmale oder Mechanismen. Diese sollen im Gegensatz zu den vielfach beschriebenen und leichter zu erfassenden Defiziten und Schwächen das Potential und die Stärken hervorheben (vgl. Petermann/Schmidt, 2006, S. 118).

Der Begriff Resilienz stammt von dem englischen Wort „resilience" und heißt übersetzt Spannkraft, Widerstandsfähigkeit, Elastizität.

„Resilienz meint eine psychische Widerstandsfähigkeit von Kindern gegenüber biologischen, psychologischen und psychosozialen Entwicklungsrisiken." (Wustmann, 2004, S.18)

Es geht darum schwierige Lebenssituationen zu meistern und nicht daran zu zerbrechen. Folglich sind zwei wesentliche Bedingungen Voraussetzung:

1. eine wesentliche Bedrohung für die kindliche Entwicklung und
2. eine erfolgreiche Bewältigung dieser belastenden Lebensumstände.

In der Resilienzforschung geht es um die Frage, welche Persönlichkeitsmerkmale und welche Lebensumstände Kinder ausmachen, die sich trotz gravierender Risikokonstellationen gut und gesund entwickeln (vgl. Göppel, 2000, S.80).

Resilienz ist kein angeborenes Persönlichkeitsmerkmal. Es kann als Fähigkeit verstanden werden, die im Laufe der kindlichen Entwicklung im Zusammenhang mit der Kind-Umwelt-Interaktion erworben wird. Resilienz bedeutet nicht, dass der Mensch immun und unverwundbar gegenüber negativen Lebensereignissen und psychischen Störungen ist. Man kann Resilienz eher als eine flexible, situationsgemäße elastische Widerstandsfähigkeit beschreiben (vgl. Wustmann ebd. S. 18 ff).

3.2 Welche Bedeutung hat das Temperament in der Resilienzforschung?

In diesem Punkt werde ich den Stellenwert des Temperaments herausarbeiten. Als erstes möchte ich einen Einblick vermitteln, was Resilienz fördert.

3.2.1 Zehn Resilienzfaktoren

Diese Aufzählung gewährt einen guten Überblick der Forschungsergebnisse, die in die Resilienz mit hinein spielen:

> „Stabile emotionale Beziehungen zu mindestens einem Elternteil oder einer anderen Bezugsperson;

> Soziale Unterstützung durch Personen außerhalb der Familie, Akzeptanz der Person;

> Emotional positives, offenes, beratendes, unterstützendes, lenkendes und normorientiertes („Strukturgebendes") Erziehungsklima;

> Rollenvorbilder für ein konstruktives Bewältigungsverhalten bei Belastungen;

> Balance von sozialen Verantwortlichkeiten und Leistungsanforderungen;

> Kognitive Kompetenzen (wie zumindest Durchschnittsintelligenz);

> **Temperamentsmerkmale**, die effektives Bewältigungsverhalten begünstigen (z.b. Flexibilität, Frustrationstoleranz, nicht zuletzt Humor)

> Selbstwirksamkeitserfahrungen, Selbstachtung, internale Kontrollüberzeugung;

> Aktives Bemühen, Stressoren zu bewältigen, statt sie zu vermeiden oder zu relativieren;

> Erfahrung von Sinnhaftigkeit, Struktur und Bedeutung der eigenen Entwicklung".   (Sturzbacher, 2005)

In dieser Aufzählung wird deutlich, dass das Temperament ein Faktor von vielen ist. Das Temperament hat nicht den bedeutsamsten Einfluss auf die Entwicklung von Resilienz. Aber es ist ein Element in diesem großen Mosaikstück.

In der Resilienzforschung wird auf das in Punkt 2.1.1 beschriebene Temperamentkonzept von Thomas und Chess Bezug genommen.

3.2.2 Entwicklungsmodell zur Entstehung von Resilienz nach Werner

Folgende Abbildung macht deutlich, dass das Temperament als ein Baustein in der Entwicklung von Resilienz als Fundament angesehen werden kann:

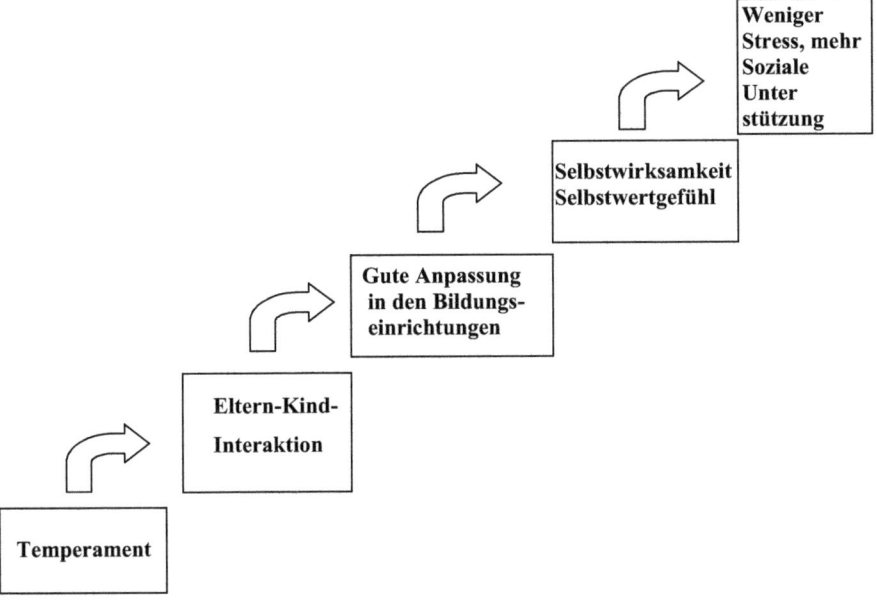

Entwicklungsmodell zur Entstehung von Resilienz nach Werner
(Wustmann, 2004, S. 119, modifiziert nach Laucht, Schmidt & Esser, 2000,S. 105)

3.2.3 Vorstellung verschiedenen Längsschnittstudien

Die Längsschnittstudien sind ein wichtiges Instrument in der Resilienzforschung. Emmy E. Werner hat mit ihrer Kauai Längsschnittstudie 1955 und in den folgenden 40 Jahren wichtige Meilensteine in der Forschung der Resilienz vorgelegt. Neben der Kauai Längsschnittstudie stelle ich noch die Mannheimer Risikokinderstudie und die Bielefelder Invulnerabilitätsstudie vor, die Aussagen in Hinblick auf die Bedeutung des Temperaments machen:

Die Kauai Längsschnittstudie

698 Kinder der Insel Kauai wurden seit 1955 im Alter von 1, 2, 10, 18, 32 und 40 Jahren erfasst und untersucht. Bereits in der pränatalen Phase begann ein

11

interdisziplinäres Team den Einfluss verschiedener biologischer und psychosozialer Risikofaktoren zu beobachten (vgl. Werner, 1997, S. 192 f)

Werner beschreibt die widerstandsfähigen Kinder von Kauai bereits als Babys „gutmütig", „aktiv" und „liebevoll". Sie zeigen sowohl als Kleinkinder als auch im Erwachsenenalter ein hohes Antriebsniveau, Geselligkeit und Ausgeglichenheit. Diese Kinder waren im Vergleich zu nichtresilienten Kindern kontaktfreudiger, emotional ausgeglichener und fröhlicher. In den Lebenslauf aller resilienten Kinder gab es eine Verbindung zwischen lebensbejahenden Eigenschaften und schützenden Faktoren in der Familie und der Gemeinde. Das heißt, die individuellen Eigenschaften der Kinder ließ sie eine Umwelt auswählen, die sie schützte und ihre Fähigkeiten und ihr Selbstbewusstsein verstärkte. Ein Kind mit einem ausgeglichenen Temperament erfährt eine liebevolle Unterstützung von ihrer Pflegeperson. Das gleiche Kind erhält in der Schulzeit ebenfalls mehr Aufmerksamkeit von der Familie und Nachbarn. Eine höhere Intelligenz und Leistungsbereitschaft, ebenso wie Unterstützung von Lehrern und Freunden führt zu einem größeren Selbstbewusstsein im Erwachsenenalter.

Der Einfluss von Schutzfaktoren auf die Anpassungsfähigkeit der Kinder scheint auf den verschiedenen Entwicklungsstufen zu variieren. Die beiden Schutzfaktoren Gesundheit und Temperamentseigenschaften besitzen im Säuglings- und Kleinkindalter ihren größten Einfluss (vgl. Werner, 1998, S.27 ff).

Die Mannheimer Risikokinderstudie

Diese Längsschnittstudie wurde am Zentralinstitut für Seelische Gesundheit durchgeführt. 362 Kinder, die in den Jahren 1986 und 1988 geboren wurden, wurden in mehreren Erhebungen mit ihren Eltern untersucht. Die Untersuchungen fanden im Alter von drei Monaten, 2, 4 ½, 8 und 11 Jahren statt. In dieser Studie ging es um Kinder, deren gesunde psychische Entwicklung durch frühe, bei der Geburt bestehende organische und psychosoziale Belastungen gefährdet war. Die Kinder wurden nach zwei Risiken eingeteilt: Kinder mit organischen Risiken, d.h. prä- und perinatalen Komplikationen und Kinder mit psychosozialen Risiken, z.B. ungünstige familiäre Familienverhältnisse. Die beiden Risikobelastungen wurden mit Kindern ohne Risiko kombiniert und es entstand eine Mischung aus verschiedenen Risikokonstellationen, von einer Gruppe ohne jeglicher Belastung bis zu einer Gruppe mit hoher Belastung beider Risikobereiche (vgl. Laucht, Esser, Schmidt,

2000, S.248). Als Erhebungsinstrumente wurden u.a. Videoaufnahmen, Beobachtungsbögen und Elterninterviews durchgeführt.

In der Studie geht es vor allem um die Entwicklung der frühen Eltern-Kind-Beziehung. Die Qualität der Mutter-Kind-Beziehung wird von vielen Faktoren beeinflusst, z.b. der Mutter selbst, vom Kind und der sozialen Umwelt. Die Persönlichkeitseigenschaften des Kindes, z.b. ein schwieriges Temperament gelten als besonderes Merkmal, das die Bindungsqualität beeinträchtigen kann. Bei Kindern mit externalisierenden Auffälligkeiten wie Hyperaktivität, Impulsivität, aggressive und oppositionelle Verhaltensweisen wird die wechselseitige Beeinflussung von Mutter-Kind-Interaktionen und Kindermerkmalen besonders deutlich. Beobachtung und Auswertung der Mutter-Kind-Interaktion zeigen, dass sich Mütter im Umgang mit auffälligen Kindern häufig selbst aggressiv, ungeduldig und hilflos verhalten. Wenn die Anforderungen an Mutter und Kind steigen, erhöht sich die Gefahr, dass die Interaktion von einem Kreislauf wechselseitiger negativer Verstärkung bestimmt wird (vgl. Polowcyk et. al. 2000, S. 294 ff).

In der Studie wurde auch festgestellt, dass eine positive, harmonische Mutter-Kind-Beziehung ein kompensierender Schutzfaktor im Zusammenhang auf die negativen Auswirkungen einer frühkindlichen organischen Risikobelastung sein kann.

Zusammenfassend lässt sich sagen, dass es in der Mannheimer Risikokinderstudie im Gegensatz zu der Kauai Längsschnittstudie um die Kinder geht, die in ihrer Entwicklung bedroht sind. Die Studie macht deutlich: um resiliente Kinder zu fördern müssen negative Interaktionsmuster in der Beziehung von Eltern und Kind frühzeitig erkannt und aufgefangen werden.

Die Bielefelder Invulnerabilitätsstudie

Vulnerabilität ist ein Begriff, der am Individuum festzumachen ist und auch „Verletzlichkeit" genannt wird. Unter dem Begriff versteht man das Ausmaß der Wirksamkeit von Risikofaktoren. Je höher die Vulnerabilität ist, desto eher und stärker können Risikofaktoren einen ungünstigen Einfluss auf das Kind nehmen (vgl. Oetrer, 1999, S.4).

In dieser Studie geht es um die seelische Widerstandskraft von Jugendlichen unter besonders hohen Entwicklungsrisikobedingungen. Diese Jugendlichen leben in Heimen und stammen aus sehr belasteten und benachteiligten Multi-Problem-Milieus, in denen familiäre Gewalt , Armut, Alkoholmissbrauch usw. herrschen.

In 60 verschiedenen Jugendhilfeeinrichtungen wurde Mitarbeitern das Konzept der Resilienz und der Invulnerabilität vorgestellt. Mit Hilfe von Fallbesprechungen und Erziehereinschätzung wurde eine Gruppe von 66 Jugendlichen im Alter von 14 – 17 Jahren als Stichprobe der Resilienten zusammengestellt. Als Vergleichsgruppe wurden aus den selben Heimen eine Gruppe gebildet mit 80 Jugendlichen, deren Risikobelastung vergleichbar eingeschätzt wurde. Diese Jugendlichen zeigten ausgeprägte Erlebens- und Verhaltensstörungen. Die zwei Gruppen bestanden zu 3/5 aus Jungen und zu 2/5 aus Mädchen.

Mit Interviews, Frage- und Selbsteinschätzungsbögen und Tests wurden die Gruppen in vier verschiedenen Bereichen untersucht:

1. biografische Belastungen und Risikobedingungen

2. Problemverhalten bzw. Erlebens- und Verhaltensstörungen

3. personale Ressourcen wie Intelligenz, Temperament, Coping-Strategien, Selbstkonzept und Leistungsmotivation

4. soziale Ressourcen, subjektive Einschätzung der eigenen näheren Umgebung

(vgl. Wustmann, 2004, S. 92 f).

Die Auswertung der Daten zeigte, dass die Beurteilung der Heimmitarbeiter sich in Bezug auf die Risiko- und Symptombelastung mit den Ergebnissen der methodisch standardisierten und systematischen Erfassung dieser Merkmale deckten. Bei beiden Gruppen lag die lebensgeschichtliche Risikobelastung etwa gleich hoch. Allerdings unterschieden sie sich hinsichtlich der Symptombelastung und was die personalen und sozialen Ressourcen betrafen. Nach zwei Jahren konnten eine Reihe von schützenden Effekten festgestellt werden.

„Stabil resiliente Jugendliche zeigen ein flexibleres und weniger impulsives Temperament, hatten eine realistische Zukunftsperspektive, waren in ihrem Bewältigungsverhalten aktiver und weniger vermeidend, erlebten sich weniger hilflos und mehr selbstvertrauend, waren leistungsmotivierter und in der Schule besser als die Jugendlichen mit Verhaltensstörungen. Sie hatten öfters eine feste Bezugsperson außerhalb ihrer hochbelastenden Familien, waren zufriedener mit der erhaltenden sozialen Unterstützung, hatten eine bessere Beziehung zur Schule und erlebten ein harmonischeres und zugleich normorientiertes Erziehungsklima in den Heimen." (Lösel, Bender, 1999, S. 38)

All diese aufgezählten Merkmale können eine relativ breite Schutzwirkung bieten. Allerdings zeigt sich je nach Störungsart, Personen- und Kontextmerkmalen eine individuelle Auswirkung. Die Forscher der Bielefelder Invulnerabilitässtudie sehen die Aufklärung von differentiellen Entwicklungsprozessen als eine zentrale Aufgabe der weiteren Resilienzforschung.

Abschließend kann man sagen, dass es sich nicht um ganz spezielle Merkmale handelt, die Kinder und Jungendliche resilient machen, sondern um Kinder und Jugendliche, die trotz ungünstiger Umstände jene Kräfte, Kompetenzen und Persönlichkeitsmerkmale ausbilden, die auch eine „gesunde" Entwicklung ausmachen (vgl. Göppel, 2000, S. 87).

3.2.4 Fazit aus den Längsschnittstudien

Neben den oben genannten Studien gibt es noch zahlreiche weitere. Zum Beispiel die „Isle of Wihgt Study" (1964) von M. Rutter, das „Rochester Child Resilience Projekt (1990) von Cowen, die „Rostocker Studie" (2000) von Meyer-Probst & Reis,...

Die meisten Studien zur Resilienz befassen sich nur indirekt mit dem Faktoren Temperament. Häufig wird es als gegebener Faktor vorausgesetzt.

In den Beschreibungen der Kauai-Kinder wird am eindrücklichsten deutlich, dass das Temperament eine Rolle in der Resilienzforschung spielt. Die genannten Eigenschaften wie „gutmütig", „aktiv" und „liebevoll" sind alle positiv und lassen auf ein ich-starkes Kind bzw. ein Kind mit sog. einfachen Temperament schließen. Kinder mit diesen Temperamentsmerkmalen lösen bei Bezugspersonen positive Reaktionen aus, z.B. Aufmerksamkeit, liebevoller Umgang und soziale Unterstützung.

Im Gegensatz dazu stehen das impulsiv-unbeherrschte oder das gehemmt überkontrollierte Kind mit einem sog. schwierigen Temperament. Diese Kinder zeigen Eigenschaften, wie niedrige Anpassungsfähigkeit, unregelmäßige biologische Funktionen, soziale Gehemmtheit oder hohe Reizbarkeit. Somit haben Kinder mit einem schwierigen Temperament nicht nur genetisch bedingt schlechtere Entwicklungschancen, sondern auch durch die Wechselwirkung mit ihren Bezugspersonen. Dieses Kind lässt sich durch seine Bezugsperson nur schwer beruhigen, die Bezugsperson entwickelt langsam dem Kind gegenüber negative Gefühle und begegnet ihm immer feindseliger. Diese „schwierigen" Kinder werden häufig als Verursacher familiärer Stresssituationen wahrgenommen, was ihre ohnehin schon schwierige Situation noch prekärer macht. Kritisierendes und bestrafendes Erziehungsverhalten erhöht ebenfalls die Möglichkeit psychische Beeinträchtigungen zu entwickeln.

In dieser Theorie spielt auch die Bindungsforschung eine Rolle. Neugeborene, die schon ein schwieriges Temperament aufweisen, zeigen selten eine sichere Bindung zu ihren Müttern, im Gegensatz zu Säuglingen mit einem einfachen Temperament. Entscheidend für einen negativen Entwicklungsverlauf scheinen nicht die angeborenen Temperamentsmerkmale an sich zu sein, sondern die Folge negativer Erziehungsreaktionen. Es geht um die entscheidenden Wechselwirkungsprozesse zwischen dem kindlichen Temperament und dem Erziehungsverhalten der Bezugsperson.

Natürlich kann man nicht pauschal sagen, dass ein Kind mit schwierigen Temperament immer ungünstigere Entwicklungschancen hat. Unter bestimmten Voraussetzungen kann ein schwieriges Temperament auch eine Schutzfunktion darstellen oder umgekehrt, ein einfaches Temperament kann negative Verhaltensweisen fördern. Bei Jungen, z. B. kann Flexibilität und ausgeprägte Annäherungsreaktionen gegenüber Fremden (diese Eigenschaften zählen zu den einfachen Temperamentsmerkmalen) mit einem erhöhten Risiko für späteres aggressives und delinquentes Verhalten verbunden sein (vgl. Wustmann, 1999, S. 96 ff).

4. Was heißt das für die Heilpädagogik?

In dem letzten Punkt werde ich darauf eingehen, was die Ergebnisse der Temperament- und Resilienzforschung für die Heilpädagogik bedeuten.

Bis jetzt ging es in meiner Ausarbeitung überwiegend um verhaltensauffällige Kinder und Jugendliche. Sie machen nur einen Teil unseres Heilpädagogischen Klientel aus. Was ist mit Kindern, die ein biologisches Handicap aufweisen? Sind sie in der Lage das hohe Maß an Eigenaktivität für die Resilienz zu leisten?

Im Vergleich zu nicht-behinderten Kindern fallen natürlich alle Faktoren auf, die eine Entwicklung zu erhöhter Vulnerabilität unterstützen, z.B. gesundheitliche Einschränkungen, begrenzte geistige Fähigkeiten, reduzierte motorische und geistige Aktivitäten, verhaltener Emotionsausdruck,....

Kinder mit Handicaps scheinen ihre geringe Kräftereserve früh zu spüren und nutzen sie um mit den kleinen Anforderungsschwankungen im Alltag zurecht zu kommen. Bei ihnen wie bei allen anderen Kindern geht es um ein sorgfältiges beobachten des Verhaltens. Damit in den verschiedensten Situationen Verletzlichkeit erkannt werden kann und Resilienz unterstützende Maßnahmen für das Kind erkennbar, attraktiv und zugänglich gemacht werden. Wichtig ist es die Eigenaktivität des Kindes nicht mit zuviel pädagogischen Fördermöglichkeiten zu verschütten (vgl. Rauth, Arens, Calvet-Kruppa, 1999, S.120).

Die Autoren Fingerle, Freytag und Julius schreiben in ihren Artikel „Ergebnisse der Resilienzforschung und ihre Implikationen für die (heil)pädagogische Gestaltung von schulischen Lern- und Lebenswelten", dass die Resilienzforschung wichtige Aussagen für die heilpädagogische Arbeit trifft. Oder aber kritisch betrachtet könnten einfach altbekannte (heil) pädagogische Interventionsmöglichkeiten wiedergegeben werden und unter der Devise Förderung der Resilienz verkauft werden. Die Erforschung des Phänomens Resilienz bietet bis jetzt noch kein integratives Modell, dass die vielseitigen dynamischen Zusammenhänge zwischen Schutzfaktoren und Risikokonstellationen befriedigend beschreibt. Es fehlt eine Grundlagenforschung, die auf die psychischen und sozialen Prozesse ausgerichtet ist. Es gibt also aus heilpädagogischer Forschungssicht noch einiges zu tun, um das Phänomen Resilienz in allen Facetten zu erfassen.

Otto Speck hat sich ebenfalls in seinem Artikel „Risiko und Resilienz in der Erziehung – Pädagogische Reflexion" zum Thema Resilienz geäußert. Speck merkt in seinen Ausführungen an, dass es sich bei dem Begriff Resilienz um einen psychologischen Befund und Begriff handelt, der sich nicht ohne weiteres in die Pädagogik übertragen lässt.

„Bloße „Faktoren" sind nicht direkt pädagogisch umsetzbar, sondern bedürfen einer Transformation in das Lebendige und Komplexe von Erziehung und Lebensbewältigung, wobei sie allerdings im allgemeinen an statistischer Schärfe verlieren, zumal unter der Einwirkung von Zeit." (Speck, 2000, S. 354)

Speck bezieht Resilienz nicht nur auf die Heilpädagogik, sondern auf jede Form von Erziehung.

Um das individuelle Bindungsgefüge in der Resilienz zu beschreiben nutzt Speck nicht den üblicherweise verwendeten Begriff Temperament, sondern spricht von Veranlagung. Er ist der Meinung, dass Temperament nicht ausreichend beschreibt, was für ihn eine „glückliche Veranlagung im Sinne einer „Vorprogrammierung" für Anpassungsfähigkeit, Selbstbehauptung, Verträglichkeit, Beständigkeit, Findigkeit u.ä." ist. (Speck, ebd, S. 355)

Speck kritisiert auch den Denkansatz der Invulnerabilität also der Unverletzbarkeit. Der Mensch setzt sich als sich selbst regulierendes System andauernd mit einer Unmenge an zwischenmenschlichen Reizen auseinander. Diese muss er wahrnehmen und bewerten um handeln zu können. Dieses Handeln ist mit Emotionen verbunden, die den Menschen verletzlich machen, es gibt kein Selbst ohne Mitsein. Speck macht ihn seinem Artikel deutlich, wie wichtig soziale Netzwerke sind.

„Es ist also wohl so, dass Resilienz an sich nicht das Entscheidende ist. Widerständigkeit erhält ihren Inhalt und Sinn erst aus dem Erleben sinngebender und haltgebender normativer Inhalte, an denen sich das eigene Verhalten orientieren, und von dem aus Resilienz durch positive Rückkopplungen entwickelt und stabilisiert wird.“   (Speck, 2000, S. 360)

Er spricht von einer haltgebenden Pädagogik, bei der es darum geht mit den Kindern und Jugendlichen in eine wirkliche, intensive Beziehung zu treten, in der es um ein ehrliches Interesse an der anderen Person geht.

Eines der wichtigsten Forschungsergebnisse von Werner ist, der Glaube, dass sich letztendlich alles zum Guten wendet. Speck spricht in diesem Zusammenhang von einem Perspektivenwechsel von einseitigen radikalen Werten, die die „fortschrittbeflügelte Moderne erzeugt“ hin zu Begriffen wie Glaube und Hoffnung und eine Besinnung auf die Solidarität untereinander.

Bevor Speck seinen Artikel mit einem positiven Satz zum Thema Resilienz beendet, schreibt er, dass er für die Resilienz-Forschung in der Praxis eigentlich keine Zukunft sieht.

Die Kritik der beiden Autoren sehe ich als berechtigt an. Die Resilienzforschung bietet ein weites Feld. Hier könnte man die Grundsatzfrage stellen: Wie theoretisch bzw. praktisch sollte Forschung, Wissenschaft allgemein, sein?

Speck kritisiert in seinem Artikel die praktischen Interventionsstrategien als isoliert und von außen angesetzt, an bloßen Symptomen orientiert und zu kurzfristig. Man könnte die verschiedenen Methoden, z.B. Stresspräventionstraining, Faustlos-Curriculum, Penn Prevention Programme usw. auch als Anfang sehen. Diese Programme bieten die Möglichkeit Resilienz fördernde Methoden in die praktische Arbeit zu integrieren.

Meiner Meinung nach sind uns Heilpädagogen die Gedanken der Resilienzforschung gar nicht so fremd. Eines der Grundprinzipen der Heilpädagogik ist von den Stärken auszugehen. So hat auch jedes Kind mit seinem verschiedenen Temperament seine Stärken. Das impulsiv-unbeherrschte Kind ist mutiger und traut sich mehr zu als das gehemmt-überkontrollierte Kind. Das gehemmt-überkontrollierte Kind ist vielleicht auf Grund seiner Ängstlichkeit ein sehr guter Beobachter und Menschenkenner. Das ich-starke Kind ist vielleicht mit Beiden befreundet und das Trio ergänzt sich gegenseitig.

Ein weiteres Grundprinzip der Heilpädagogik finde ich auch in der Resilienz wieder, die Beziehungsarbeit. Für mich ist die Beziehung zu dem Menschen mit denen ich arbeite das Wesentliche. Während ich mich mit dieser Thematik beschäftigt habe, kam mir häufig das Dialogische Prinzip von Martin Buber in den Sinn. In der Buberschen Dialogphilosophie geht es um die menschliche Beziehung. Die Begegnung spielt in der dialogischen Beziehung eine große Rolle. Viele Menschen haben nicht die Zeit, den Willen und vielleicht auch nicht das Vertrauen, sich auf eine zwischenmenschliche Begegnung einzulassen.

Wie wir von der heilpädagogischen Haltung sprechen könnte kann vielleicht auch bei der Resilienz von einer Haltung sprechen?

Ich persönlich sehe meine Aufgabe seit der Auseinandersetzung mit diesem Thema darin, die Rolle der außenstehenden Vertauensperson einzunehmen, die für das Kind eine wichtige Stütze sein kann.

5. Fazit

In meiner Einleitung habe ich einige Fragen gestellt, die ich versuchen wollte zu beantworten. Die Temperamentsforschung ist ein interessantes Feld. Ich habe das Temperament aus verschiedenen Perspektiven betrachtet. Die Temperaments-forschung ist sehr praxisnah, man hat bei der Beschreibung der unterschiedlichen Temperamentstypen gleich Kinder vor Augen, die diese Verhaltensweisen zeigen. Das Temperament entwickelt sich in der frühen Kindheit und gehört somit zu dem Kind wie seine Augenbnfarbe. Meine Frage, ob das Temperament das resiliente Verhalten eines Kindes beeinflusst kann man nicht zu 100 % beantworten. Wie überall gibt es auch hier Ausnahmen. Generell lässt sich sagen, dass ein Kind mit einem sog. einfachen Temperament eher die Möglichkeiten hat resiliente Verhaltensweisen zu entwickeln als ein Kind mit sog. schwierigen Temperament. Während der Bearbeitung dieses Referats habe ich immer wieder gedacht, dass es ja nur logisch ist, dass Kinder mit einem einfachen Temperament in der Lage sind Beziehungen zu Bezugspersonen aufbauen. Dies sind meistens auch die netten sympathischen Kinder. Ich habe dann für mich überlegt, ob es nicht meine Aufgabe als Heilpädagogin ist mich den Kindern mit schwierigen Temperament zu widmen. Diesen Kindern als Bezugsperson eine stabile Beziehung bieten, damit resiliente

Fähigkeiten entwickeln werden können. Wenn ich das so schreibe, klingt es in der Theorie erst einmal sehr einfach und sinnvoll. Aber ich empfinde dies als wirkliche Herausforderung, wenn ich an die Kinder denke, die ich in der Praxis erlebt habe. Diesen Kindern bin ich lieber aus dem Weg gegangen. In meiner zukünftigen Praxis werde ich diesen Kinder mit den Blick der Resilienz begegnen und hoffentlich mein Verhalten danach ausrichten. Wie schon im Punkt 3.2.4 erwähnt, sind nicht die angeborenen Temperamentsmerkmale an sich entscheidend für einen negativen Entwicklungsverlauf, sondern die Folge negativer Erziehungsreaktionen.

Eine weitere Frage in meiner Einleitung war, welchen Stellenwert das Temperament in der Resilienzforschung einnimmt? Ich habe in den Längsschnittuntersuchungen wenig klare und eindeutige Aussagen zum Temperament gefunden. Ich finde das Entwicklungsmodell zur Entstehung von Resilienz nach Werner macht bildlich deutlich welchen Stellenwert das Temperament einnehmen kann. Das Temperament des Kindes bildet mit den Grundstein für die Entwicklung von Resilienz.

Ich fand es sehr spannend mich mit diesen beiden verschiedenen Themen auseinander zusetzen. Diese Arbeit bietet nur einen kleinen Einblick. Das Thema Resilienz wird mich auch weiterhin beschäftigen, weil ich persönlich finde, dass es ein guter Ansatz ist. Es spricht mein Verständnis meiner heilpädagogischen Arbeit an und ich bin gespannt darauf, diesen Ansatz in der praktischen Arbeit einzubringen.

Ich glaube und hoffe, dass der Ansatz der Resilienz nicht nur eine Modeerscheinung ist, sondern sich in der allg. Pädagogik etabliert.

Literaturliste

Die Enzyklopädie in 24 Bänden 20.überarbeitete und akt. Auflage: Brockhaus GmbH Leipzig 2000

Fingerle, Michael / Freytag, Andreas / Julius, Henri: Ergebnisse der Resilienzforschung und ihre Implikationen für die (heil)pädagogische Gestaltung von schulischen Lern- und Lebenswelten, In: Zeitschrift für Heilpädagogik, Heft 6 Klinkhardt Verlag Bad Heilbrunn 1999

Göppel, Rolf: Die Bedeutung der Risiko- und Resilienzforschung für die Sonder- und Heilpädagogik, In: Bundschuh: Wahrnehmen-Verstehen-Handeln: Perspektiven für die Sonder- und Heilpädagogik im 21. Jahrhundert, Klinkhart Verlag Bad Heilbrunn 2000, S. 79 - 96

Hong, Eun-Suk: Subjektive Erfahrungen und Wirklichkeitskonstruktionen von Kindern mit Verhaltensstörungen unter besonderer Berücksichtigung von Forschungsergebnissen über die Entwicklungsbedingungen in der Kindheit aus der Sicht konstruktivistisches Verstehens, Dissertation München 2006

Laucht, Manfred / Esser, Günther / Schmidt, H. Martin: Längsschnittforschung zur Entwicklungsepidemiologie psychischer Störungen: Zielsetzung, Konzept und zentrale Befunde der Mannheimer Risikokinderstudie, In: Zeitschrift für Klinische Psychologie und Psychotherapie Jg.9, Hogrefe Verlag Göttingen 2000

Laucht, Manfred: Vulnerabilität und Resilienz in der Entwicklung von Kindern, Ergebnisse der Mannheimer Längsschnittstudie, In: Brisch, Hellbrügge: Bindung und Trauma, Risiken und Schutzfaktoren für die Entwicklung von Kindern Klett-Cotta Stuttgart 2003, S. 53 – 71

Lösel, Friedrich / Bender, Doris: Von generellen Schutzfaktoren zu differentiellen protektiven Prozessen: Ergebnisse und Probleme der Resilienzforschung, In: Opp, Fingerle; Freytag: Was Kinder stärkt, Reinhadt Verlag München 1999

Oerter, R. / v. Hagen, C. / Röper, G. / Noam, G.: Klinische Entwicklungs-psychologie, Ein Lehrbuch, Psychologie Verlags Union Weinheim 1999

Petermann, Franz / Schmidt, H. Martin: Ressourcen – ein Grundbegriff der Entwicklungspsychologie und Entwicklungspathologie, In: Kindheit und Entwicklung Jg. 15, Heft 1, Hogrefe-Verlag Göttingen 2006 S. 118 - 126

Polowcyk, M. / Trautmann-Villalba, P. / Dinter-Jörg, M. / Gerhold, M. / Laucht, M. / Schmidt, M. / Esser, G: Auffällige Mutter-Kind-Interaktion im Vorschulalter bei Kindern mit hyperkinetischen und Sozialverhaltensauffälligkeiten, In: Zeitschrift für Klinische Psychologie und Psychotherapie Jg. 29 Heft 4 Hogrefe-Verlag Göttingen 2000, S. 293 - 304

Rauth, Hellgard / Arens, Dirk / Calvet-Kruppa, Claudine: Vulnerabilität und Resilienz bei Kleinkindern mit geistiger Behinderung, In: Opp, Fingerle; Freytag: Was Kinder stärkt, Reinhadt Verlag München 1999, S. 101 - 123

Speck, Otto: Risiko und Resilienz in der Erziehung – Pädagogische Reflexion, In: Bundschuh: Wahrnehmen-Verstehen-Handeln: Perspektiven für die Sonder- und Heilpädagogik im 21. Jahrhundert, Klinkhart Verlag Bad Heilbrunn 2000, S.353 - 368

Sturzbacher, Dietmar: Kinder und Jugendliche stärken – Anregungen aus der Resilienzforschung, Jahrestagung der Fachkräfte für die Kommunale Jugendarbeit in Rheinland-Pfalz, Cochem 2005 veröffentlicht im Internet, URL:landesjugendamt.de/cochem_resilienz_sturbacher.ppt

Werner, E. Emmy: Entwicklung zwischen Risiko und Resilienz; In: Opp, Fingerle; Freytag: Was Kinder stärkt, Reinhardt Verlag München 1998

Werner, E. Emmy: Gefährdete Kindheit in der Moderne: Projektive Faktoren, In: Vierteljahreszeitschrift für Heilpädagogik und ihre Nachbargebiete, Reinhardt Verlag Feiburg 1997 Heft 2 S. 192 – 203

Wustmann, Corina: Resilienz, Widerstandsfähigkeit von Kindern in Tageseinrichtungen fördern, Beltz Verlag Weinheim und Basel 2004

Zentner, Marcel: Die Widerentdeckung des Temperaments, Die Entwicklung des Kindes im Licht moderner Temperamentforschung und ihrer Anwendungen, Junfermann Verlag Paderborn 1993

Zentner, Marcel: Das Temperament als Risikofaktor in der frühkindlichen Entwicklung; In: Petermann, Niebank, Scheithauer: Risiken in der frühkindlichen Entwicklung, Hogrefe Verlag Göttingen 2000, S.258 – 277